ACADÉMIE NATIONALE DE REIMS

SAINTE-CLOTILDE

DE REIMS

MONUMENT DU CENTENAIRE

(496-1896)

PAR

Alphonse GOSSET, Architecte

Auteur des Coupoles d'Orient et d'Occident

REIMS

IMPRIMERIE & LITHOGRAPHIE LUCIEN MONCE

75 — RUE CHANZY — 75

1900

EXULTET

Alph. GOSSET, Architecte

EXSURGET

ÉGLISE SAINTE-CLOTILDE A REIMS

MONUMENT DU CENTENAIRE

496 — 1896

SOCIÉTÉ DES ARCHITECTES DE LA MARNE

SAINTE-CLOTILDE

DE REIMS

MONUMENT DU CENTENAIRE

(496-1896)

PAR

ALPHONSE GOSSET, ARCHITECTE

Auteur des Coupoles d'Orient et d'Occident

REIMS
IMPRIMERIE & LITHOGRAPHIE LUCIEN MONCE
75 — RUE CHANZY — 75

1900

SOCIÉTÉ DES ARCHITECTES DE LA MARNE

Exsurget — Exultet

SAINTE-CLOTILDE

MONUMENT DU CENTENAIRE

496 - 1896

MES CHERS CONFRÈRES,

Après la théorie la pratique, j'ai le plaisir de vous présenter aujourd'hui une application de celle des coupoles dont je vous ai plusieurs fois entretenu : la nouvelle église de Reims, dédiée à *sainte Clotilde*, élevée cette année en commémoration du Centenaire de la conversion de Clovis et des Francs au christianisme, en 496 (1), suivant la disposition des Eglises à autel central, sur laquelle j'ai jadis appelé votre attention, comme voie nouvelle de l'art religieux.

Grâce à l'initiative intelligente de Son Ém. Mgr le cardinal Langénieux, l'église à coupoles a ainsi acquis droit de cité à Reims.

Malgré la grande simplicité des matériaux employés, qu'une économie des plus rigoureuse a nécessitée, pour obtenir des dimensions convenables, vous pouvez juger des avantages de cette forme et voir qu'elle se prête aussi à traduire en architecture le sentiment chrétien, l'aspiration au Ciel que montre la croix terminale, comme autrefois la flèche centrale, dans notre cathédrale, avant l'incendie de 1481.

Voici, figuré dans les coupes, le projet de la décoration intérieure à faire petit à petit, à moins que les souscriptions n'en favorisent l'exécution rapide ; vous en comprendrez l'esprit, conforme, lui aussi, à l'esthétique chrétienne la plus spiritualiste (convergence vers le Christ au sommet de la coupole), et, j'espère que vous l'approuverez lorsque vous aurez entendu mes explications dans la seconde partie de cette Notice.

Primitive Eglise du Saint-Sépulcre à Jérusalem (IVe Siècle)

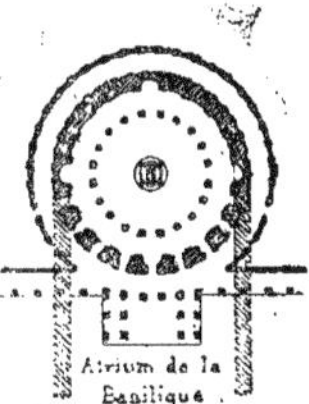

DISPOSITION GÉNÉRALE

Vous vous rappelez qu'en vous exposant le parallèle des deux plans suivis par les Chrétiens dans la construction des églises, à nef ou à autel central, je vous prouvais par l'exposé de ses développements, que, si, le plus fréquemment adopté, celui des églises à nefs, caractérisées en général par la profondeur et l'élévation, avait parcouru les trois phases de la vie : formation dans les basiliques latines ; développement et perfectionnement au Moyen-Age, dans nos magnifiques

(1) Voir notamment mes conférences, 1884 — *Essai sommaire sur les deux formes d'églises*. 1887. — *Anciennes églises grecques de Constantinople*, 1890. *Coupoles d'Orient et d'Occident*.

St George à Salonique

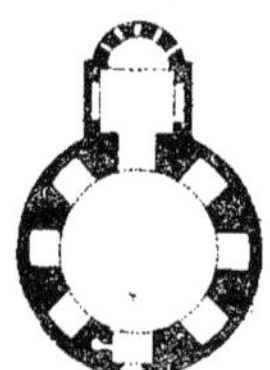

Pretoire de Mousmieh ancienne Phana Syrie 160-169

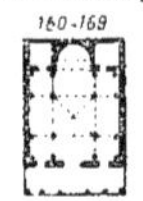

St George d'Ezra Syrie-505

Eglise de Bosrah Syrie

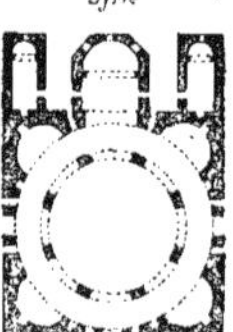

cathédrales, en particulier à Reims, Amiens, etc. ; puis décadence au XVIIIe siècle (1) ; accomplissant ainsi, au point de vue constructif, sa révolution scientifique, brillante, mais complète, toutes les combinaisons de plan auxquelles peut se prêter cette conception ayant été édifiées, et conséquemment qu'elle ne produisait plus que des reproductions et des variations (2).

L'autre, celui des Eglises à coupoles, c'est-à-dire à effet convergent, en hauteur, au-dessus de l'autel central, étant au contraire resté inachevé, pouvait encore produire de grands effets religieux.

C'est dans cet esprit que j'ai cherché à répondre au but de Son Éminence.

Habitués à la splendeur de notre admirable Cathédrale, aux perspectives aériennes des ogives élancées, plusieurs de nos concitoyens, trompés par l'étiquette byzantine, mise depuis longtemps sur les Eglises à coupoles, parce que ce sont les architectes Grecs qui en ont perfectionné les moyens d'exécution, à Constantinople, peuvent se demander si leur disposition est aussi orthodoxe.

Permettez-moi de vous le démontrer, car elle a eu son berceau en Orient, avec le christianisme.

Cette forme d'Eglise est aussi traditionnelle, que l'autre, dans l'histoire de la religion, et c'est avec raison que les Papes, souverains juges de la liturgie, l'ont sanctionnée en l'adoptant pour la Cathédrale de la Chrétienté, Saint-Pierre, de Rome, car son histoire remonte à l'Évangile.

La disposition des Eglises à autel central semble en effet avoir été indiqué aux premiers Chrétiens, par le Christ lui-même, dans la disposition du Sermon sur la Montagne, car voici la description qu'en donne saint Luc (qui était peintre).

Jésus s'arrêta sur un plateau, auprès de lui s'étaient groupés ses disciples, une foule immense de peuple se pressait autour..... (Evangile selon saint Luc VI 9-20)....

Remplacez le Christ par l'autel, les Disciples par le clergé, laissez les fidèles autour, vous avez la disposition décrite par saint Luc.

Aussi trouve-t-on de suite des chapelles rondes dans les Catacombes, à la fois en Orient, depuis les grottes de la Cappadoce, et en Occident (dans les Catacombes de Rome, de Naples, etc.).

Elles se prêtaient effectivement à la disposition la plus naturelle pour le groupement des fidèles (les frères) autour du Prêtre.

A Saint-Pierre de Rome, l'autel est au centre de la coupole.

---

(1) Sauf de rares exceptions, comme Notre-Dame de Fourvières à Lyon, une merveille de l'art chrétien, par Sainte-Marie Perrin, au XIXe siècle.

(2) Voir : *Historique de la construction des églises chrétiennes,* 1887. Le plan du XVIIIe siècle, des églises Saint-Sulpice, Saint-Roch, etc., est identique à celui des églises du Moyen-Age.

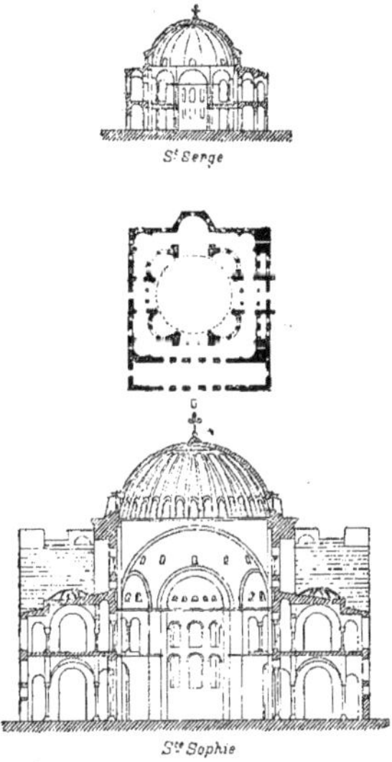

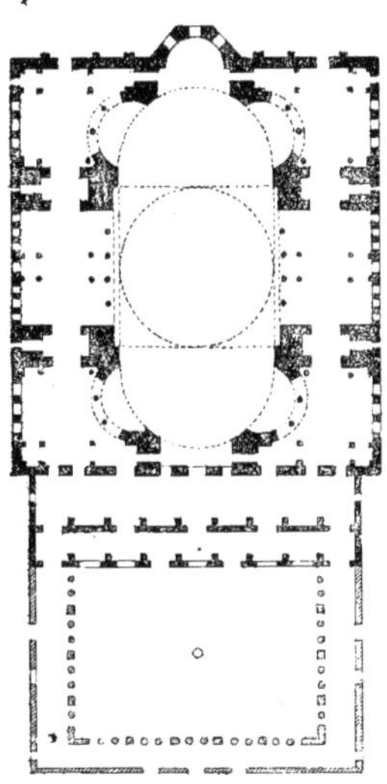

Cette forme apparaît, dès la proclamation par Constantin en 313 du célèbre Edit de reconnaissance légale du christianisme, surtout dans la construction du sanctuaire le plus vénéré, le *Saint-Sépulcre*, à Jérusalem, construit par sainte Hélène, élevé sur le même plan que l'Eglise dite, Baptistère de Sainte Constance, à Rome, et des Eglises de l'Ascension et de l'Assomption construites par la même. Puis dans la conversion au culte du Panthéon d'Agrippa sous le vocable de Sainte-Marie-de-la-Rotonde, célèbre par sa coupole de 44 mètres de diamètre, et la construction sur même plan, à Salonique, de l'Eglise de Saint-Georges (plan n° 2), du temps même de Constantin et avec addition du chœur; puis dans la Syrie centrale, sur un plan nouveau, en croix grecque, imité de la Basilique prétoire de Mousmich (1), élevé sur la route de Damas en 160 (par une légion gauloise).

C'est celui qui, offrant au chrétien le symbolisme de la coupole, image *du Ciel sur la Croix*, a depuis rayonné sur le monde.

Mais il ne fut adopté définitivement qu'après plusieurs tâtonnements des constructeurs, attestés entr'autres : par les plans de deux autres Eglises syriennes d'Ezra et de Bosrah, où les architectes Syriens cherchèrent leur voie dans des combinaisons de coupole sur plan polygonal et circulaire enfermé dans un carré, comme à Saint-Serge, de Constantinople (encore existant) sous le nom de Petite Sainte-Sophie (plan n° 6), à Saint-Vital, de Ravenne, en Italie, etc.

Hésitations telles, qu'elles persistèrent même dans la construction par Justinien, de la Cathédrale de l'Empire grec, *Sainte-Sophie*, célèbre par sa coupole de 100 pieds, élevée sur quatre grands arcs à jour, qui est restée une merveille de l'architecture religieuse, même en son état actuel (Mosquée), privée de ses décorations, à sujets religieux sur fond d'or, et surtout de l'effet grandiose au sommet de la coupole, de la figure colossale du Dieu bénissant l'assemblée. *Pantocrator*, ne donne qu'une faible idée.

Seules, les lignes de l'architecture étant intactes, permettent de juger de la grandeur et de la majesté de l'effet primitif qui fut le chef-d'œuvre du spiritualisme chrétien, toutes les lignes de la construction et de la décoration conduisant insensiblement les yeux vers le sommet, l'image divine.

Les proportions étant calculées pour que dès l'entrée le visiteur la voit, soit saisi et imprégné de sa majesté et de l'harmonie de la composition, qu'il en ressente une

---

(1) De Vogüé, *les Églises de Terre-Sainte*. Architecture religieuse de la Syrie centrale.

émotion indescriptible dont les petites Églises du Mont-Athos et de la Grèce (malheureusement très petites) qui n'ont pas été restaurées et celle de Daphni, près Athènes, ne peuvent donner qu'une impression affaiblie.

Aussi est-ce le but que nous avons visé à réaliser à Sainte-Clotilde, comme nous vous le montrerons tout à l'heure...

Coupe longitudinale

Malgré la splendeur et la renommée de Sainte-Sophie, car, Justinien, qui, le jour de la Dédicace avait pu dire : « Gloire à Dieu, Salomon je t'ai vaincu » ayant tout fait pour la rendre admirable (le Ciborium était en argent), elle paraît être restée, comme dimensions, un exemple isolé dans l'Empire d'Orient.

Les architectes Grecs, sans doute effrayés par les accidents et les difficultés de sa construction (la coupole étant tombée deux fois) et, aussi, par la crainte des tremblements de terre, se sont confinés dans des variations du thème primitif réduit, dont voici les types principaux :

A Athènes : Daphni, les Saints-Apôtres, le Catholicon, à Constantinople, le Théotocos et Saint-André ; à Salonique, Saint-Hélie et au Mont-Athos où on trouve toutes les variétés du type.

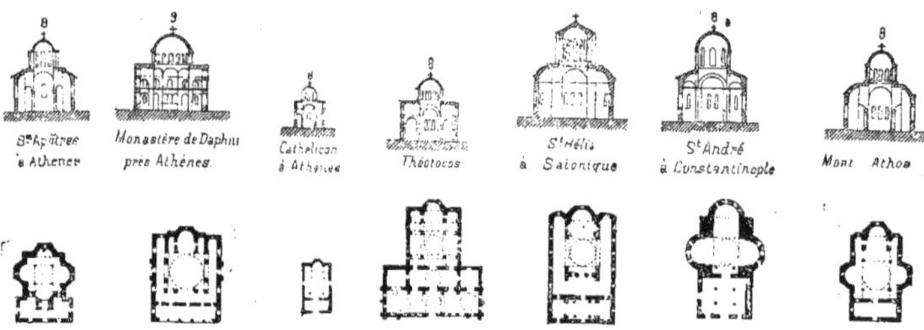

Comme vous le remarquerez, ce plan primitif a été amplifié et déformé par l'adjonction des Narthex simples et même doubles (vestibules ou préambules d'introduction au recueillement) aussi richement décorés que l'église, dont les grandes dimensions nuisent à celles de l'intérieur.

Dans toutes, leurs architectes, pour accentuer la hauteur symbolique, au lieu de conserver le modèle de Sainte-Sophie, où la coupole s'élève naturellement au-dessus des quatre arcs de support, ont surélevé leurs petites coupoles (qui n'ont que 4 à 7 mètres de diamètre au plus) sur de hauts tambours qui les détachent démesurément de la masse, sans respect de l'unité ; et dès le xe siècle, les ont multipliées sur le pourtour et même au-dessus des Narthex, créant ainsi une profusion fâcheuse, qui a substitué le pittoresque à la concentration au-dessus de l'autel, vers l'objectif, Dieu.

Déviations, déformations qui, hélas ! pour le perfectionnement, comme toutes les variations dans l'histoire de l'humanité, eurent plus d'imitateurs que le principe initial, si grand, si simple, surtout dans les pays voisins récemment convertis, les provinces danubiennes, et particulièrement dans le monde russe, dont l'esprit religieux a sauvé le principe, en assurant la prédominance à la coupole centrale.

C'est ainsi que les Vénitiens, devenus riches, en quête d'un modèle à effets brillants pour leur cathédrale de Saint-Marc, choisirent parmi les églises de Constantinople (où ils avaient des comptoirs prospères), le type le plus compliqué, celui d'une croix, aux quatre bras très allongés et très étroits couverts par cinq coupoles, croyant sans doute faire plus d'effet, de telle sorte que les yeux, au lieu d'y être conduits insensiblement vers le centre, l'image de Dieu, comme à Sainte-Sophie, s'égarent, se dispersent dans cette file de coupoles. Aussi au lieu de l'unité de concentration qui fait la grandeur, Saint-Marc n'offre que la division.

Ce fut aussi le même type compliqué que les Périgourdins imitèrent en 1010 pour leur cathédrale de Saint-Front, d'où il se répandit dans la contrée (l'Aquitaine), à moins, comme le croit M. Dieulafoy, auteur de l'*Art antique de la Perse*, qu'il n'y ait été importé directement d'Orient par des pèlerins, ou plutôt par des marchands persans ou syriens venant alors nombreux aux grandes foires du centre de la France. Certains détails de la construction Perse peuvent lui donner raison.

Par le fait de la plus grande largeur des arcs doubleaux et de la forme ovoïdale des cinq coupoles, l'inconvénient du plan est encore aggravé : extérieurement, les coupoles tronquées, déformées, produisent d'autant moins d'effet que le campanille, en les dépassant, détruit l'unité.

La décadence de l'art byzantin dans le formalisme a malheureusement empêché les architectes grecs de compléter le problème de construction de l'égalisation des quatre côtés, essayé si grandiosement à Sainte-Sophie, qui, en réalité, est une longue nef de cent pieds (les côtés surmontés des tribunes, dites de Gyneoconitis, et le mur ajouré qui les termine, ne contrebalançant pas les hémicycles longitudinaux).

La solution du problème, le perfectionnement harmonique du plan ne fut trouvé qu'au xvie et au xviie siècle par leurs successeurs dans la construction des grandes mosquées que leur demandèrent les Sultans de Constantinople et d'Andrinople.

Mais en attendant la coupole, dont les Templiers, en souvenir du Saint-Sépulcre avaient conservé une impression, dans leurs églises rondes, était passée en Italie et y avait pris de suite une place d'honneur par la construction du dôme de Sainte-Marie-des-Fleurs à Florence, par Brunelleschi, à la suite d'un concours ouvert par la Serenissime République pour l'achèvement de sa cathédrale.

La construction ogivale y étant restée impuissante devant l'énormité du vide à voûter, 40 mètres, Brunelleschi, qui avait dessiné les monuments antiques et la coupole du Panthéon et s'étant rendu compte des grands avantages de légèreté et d'économie des voûtes sphériques, eut l'idée de couvrir ce vide immense par la coupole que nous admirons toujours.

Elle eut de suite l'honneur de servir de modèle à Michel-Ange pour celle de Saint-Pierre de Rome, lorsqu'il en fut chargé par le Pape Paul III, lassé des hésitations des premiers architectes et des intrigues des partis.

Motif principal de l'édifice, il jugea qu'il ne fallait pas la précéder d'une longue nef, qui en diminuerait l'effet, et il adopta résolument le plan en croix grecque, dans lequel toutes les formes architecturales concourent directement à l'effet ascensionnel au-dessus de l'autel et permettent au visiteur d'en recevoir dès l'entrée toute l'impression, toute l'émotion.

Malheureusement, gêné par les fondations laissées par les prédécesseurs, et par le vide des tribunes à y ménager, il fut obligé de grossir les quatre piliers du dôme, beaucoup plus que ceux des coupoles grecques qu'il ne connaissait pas, et de perdre autour de l'autel une place regrettable, qu'un continuateur, le Pape Paul V fut forcé de regagner, en l'allongeant de la nef actuelle, élevée par Carlo Moderne, qui atténue fâcheusement l'effet produit par cette immense coupole de 40 mètres.

Aussi, du fait de cette adjonction, l'intérieur de Saint-Pierre, malgré son immensité, ne présente-t-il pas le même caractère religieux que Sainte-Sophie.

Le plan du projet de Michel-Ange montre que s'il eut été exécuté tel que, plus simple à l'intérieur, il l'eut été aussi à l'extérieur, car, élevé au-dessus de terrasses disproportionnées, on ne peut voir ce magnifique dôme que des collines voisines.

A la suite de la cathédrale de la Chrétienté, les coupoles s'élevèrent à l'envie l'une de l'autre, dans toute l'Europe; chaque nation, chaque grande ville voulut avoir la sienne.

Ainsi : en Angleterre, Saint-Paul; en Italie, *tutti-quanti;* en France, au XVIIe siècle, le Val-de-Grâce, par Lemuet, et surtout son chef-d'œuvre, l'église Royale des Invalides, etc.; mais toujours sur la disposition de Saint-Pierre ,faussée par allongement d'une nef ou de bras trop longs, comme au Panthéon de Paris, qui empêchent de voir la coupole dès l'entrée, et, surtout sans portail de construction harmonique avec l'intérieur. Michel-Ange lui-même, malgré l'originalité de son génie, n'en ayant pas trouvé d'autre qu'une imitation du portique du Panthéon d'Agrippa aussi hétérogène et inharmonique, à plate-bande, effet opposé à celui des voûtes aériennes.

Cette discordance patronnée par le projet d'un tel Maître fit école partout; c'est à la routine que nous devons, devant les voûtes sphériques, tous les portiques romains à plates-bandes et les frontons du XVIIIe siècle d'un effet contraire (1).

Heureusement pour le perfectionnement normal du plan à coupoles, il fut repris au XVIe siècle par les architectes Grecs, alors débarrassés du formalisme bysantin, chargés de la construction des grandes mosquées de Constantinople, Christodoulos à la Méhémédié, Sinan à Shah-Zadé.... etc., puis au XVIIe siècle à l'Amédié; toutes bâties sur le plan en croix grecque, à coupole centrale et à effet ascensionnel.

Par eux, tous les problèmes de construction des voûtes sphériques ont été étudiés et résolus victorieusement.

On peut donc dire que l'Islam a travaillé pour la Croix.

Les Sultans farouches, qui partirent en guerre pour soumettre les chrétiens d'Occident, comme ils avaient soumis ceux d'Orient (2), leur ont laissé la solution d'un problème monumental qui préoccupait leurs architectes.

Il ne restait plus à trouver que le préambule indispensable à un monument, le motif d'entrée, d'introduction, *le portail*, dont les architectes français, à l'esprit ouvert et ardent, de nos cathédrales, avaient inventé la forme aussi harmonique avec l'intérieur, que le portique à fronton avec le temple grec, mais même plus décoratif.

Nos portails furent un triomphe de l'esprit français en architecture.

On ne comprend pas que les architectes Bysantins qui en avaient tant de modèles sous les yeux n'en aient pas senti la nécessité et cherché dans la nouvelle architecture un motif analogue. L'antique génie de la race était atrophié.

Sainte-Sophie précédée d'un double Narthex (intérieurement d'un effet gradué très heureux), n'a pas de façade.

Les églises de la Grèce non plus, quelques-unes seulement ont un portique voûté, qui n'est pas un préambule suffisant.

Pour faire du plan de l'église à coupoles une harmonie complète, il manquait la préface, comme les portails de nos cathédrales.

---

(1) *Il n'y a en réalité que deux systèmes d'Architecture, deux harmonies.*

Celui à plates-bandes, des temples grecs, qui exprime le calme et la fatalité antique; celle à arcs qui au contraire exprime la liberté, l'aspiration à l'au-delà, au ciel, comme dans les cathédrales du Moyen-Age, avec leur flèche centrale, et à Sainte-Clotilde.

(2) Après avoir occupé la Hongrie, ils n'ont été arrêté que sous les murs de Vienne.

Ce fut le pays d'origine des coupoles et des briques émaillées, la Perse l'inventa et le répandit, avec ses imbrications, dans la Haute-Asie, puis, transformé, en Egypte, mais moins rationel.

Ces belles voussures, à même hauteur de cintre, de proportions harmoniques, quoi que par suite du fatalisme musulman, couronnées par des horizontales (1) (anormales avec les arcs), ont montré le modèle d'en-tête des coupoles.

Quelles qu'elles soient, décorées comme l'intérieur, de rinceaux montants, elles remplissent admirablement leur but de préface, et elles parlent le même langage que la salle de prières en commun qu'elles ont pour fonction de précéder.

Le principe du motif étant donc trouvé, aux architectes d'Occident de l'utiliser; c'est ce que nous avons fait à Sainte-Clotilde, nous espérons qu'il sera compris et apprécié.

De nos jours, la coupole a été remise en honneur, à Paris, par Victor Baltard à Saint-Augustin. La position au carrefour de grands boulevards était belle, il la comprit et il sut en profiter; son grand dôme couronné par une haute lanterne à jour, s'élance radieux au-dessus des massifs monotones formés par les hautes et régulières maisons parisiennes. Par l'emploi raisonné du métal, il lui a donné une grande légèreté qui accentue encore le mouvement ascensionnel et chrétien des lignes fines de l'architecture vers la croix terminale.

On eût aimé à revoir briller plus encore le même principe dans la construction de l'Eglise du Sacré-Cœur de Montmartre, au-dessus de Paris, position exceptionnelle pour l'édification d'un édifice à effet ascensionnel.

Mais intérieurement le plan est composé de deux motifs différents : une croix grecque couronnée par une coupole (16m) puis à la suite, une profonde abside romane; c'est-à-dire d'un effet de hauteur au-dessus des assistants et de profondeur autour de l'autel, où devait être exprimé l'exaltation; tandis qu'extérieurement, le principal, l'objectif, la coupole terminée par la croix symbolique, est dominée par le campanile, un accompagnement, au risque de nuire à l'unité symbolique (2).

SAINTE-CLOTILDE

Le principe des Eglises à autel central découle de la position de l'autel au milieu des fidèles, ainsi à portée de la parole du prêtre; comme dans le Sermon sur la Montagne. Elle est à croix grecque, avec coupole centrale au-dessus de l'autel, s'élevant sur les quatre demi-coupoles qui surmontent les bras de la croix, et forment ainsi de tous côtés par l'effet des lignes et des proportions *une gradation continue d'effet ascensionnel;* à l'extérieur, vers la croix terminale, à l'intérieur vers l'image du Christ bénissant l'assemblée.

Motif simple, monumental, alliant la hauteur à la largeur; construction toute extérieure permettant de supprimer intérieurement les piliers, au dehors les contreforts.

L'entrée est couverte par un porche demi-circulaire, voûte en conque entre les tours des clochers; les hémicycles du grand axe sont allongés : à l'entrée, d'une tribune pour l'orgue et les chanteurs, dont le rez-de-chaussée tient lieu de Narthex, introduction de transition, de préparation au recueillement, entre le plein air et le sanctuaire; au fond par une chapelle apsidale en surélévation, dédiée à Sainte-Clotilde, dont le sous-sol est occupé par une chapelle basse.

Le sanctuaire est élevé de un mètre, avec l'autel bien en vue sur trois marches, et le chœur à l'arrière.

Les sacristies réunies par un corridor concentrique à l'apside occupent les flancs de la chapelle apsidale.

Le Baptistère est sous le clocher nord.

Comme mesures, l'édifice a extérieurement 49 mètres de longueur (plus le couloir de la sacristie), sur 32m50 de largeur, intérieurement, 42m50 avec la tribune, et 30 mètres de largeur.

Le Baptistère sous la tour nord a 3m30 de diamètre.

---

(1) Voir : Pascal Coste, *Monuments de la Perse*. Alph. Gosset, *Coupoles d'Orient et d'Occident.*
(2) D'autant plus qu'extérieurement les horizontales sont souvent plus accentuées que les verticales.

Le carré de la coupole a 14m20 ; chacun des quatre arcs fondamentaux a 13m50. Le diamètre de la coupole intérieure est de 15m75, celui de la coupole extérieure est de 17m30.

Surface extérieure (compris perrons et sacristies)........ 1.038 m. c.

Surface intérieure de l'église............................ 811 m. c.

Les hauteurs prises du sol intérieur sont :

Naissance des voûtes................................. 15m50

Extérieurement au sommet de la croix............... 53m00

Intérieurement : grands arcs......................... 23m00

— coupole centrale...................... 32m00

La conque intérieure du portail a 9 mètres de diamètre, sur 20 mètres de hauteur. Elle sera décorée de statues, intérieures et extérieures, comme celles des saints Martin et Hilaire se rapportant à l'histoire religieuse de la France.

La chapelle de Sainte-Clotilde a 10 mètres de longueur sur 7 mètres de largeur et 18m50 de hauteur.

CONSTRUCTION

Maçonnerie. — Les fondations sont descendues jusqu'au banc de craie, qui n'a été trouvé qu'au niveau de la nappe d'eau, à 8 mètres, et même, en plusieurs endroits, dessous ; elles ont été maçonnées sur une bonne couche de béton, d'épaisseur variable suivant le sol, en mœllons de roche des environs de Reims (Pouillon, Cormicy, Branscourt, Vandeuil.)

Les voûtes de la crypte et de la chapelle basse sont en briques ordinaires de Rethel et mortier dosé.

Elévation. — Les socles sont maçonnés en mêmes mœllons, parementés extérieurement en briques ordinaires, jointoyées en mortier de ciment de Portland.

Les façades, seuls points d'appui de l'édifice, sont aussi maçonnées avec les mêmes matériaux, mœllons et parements en briques ordinaires ; les filets rouges, formant assises, et moulures des couronnements sont en briques rouges de Saint-Imoges.

Par économie, tous les joints sont faits sur le mortier frais, à la flamande, dit rappuyage.

Les arcs doubleaux et les pendentifs sont construits en mêmes mœllons et en meulière, suivant l'appareil antique, premier tiers par encorbellement, surplus en voussoirs.

Le tambour de la coupole est monté en briques repressées et polies en parements, mais ordinaires à l'intérieur.

Les voûtes, maçonnées en briques creuses de 0m11 d'épaisseur, sont montées :

Celles des 4 demi-coupoles entre fermes en fer.

Celle de la grande coupole par le procédé antique, *sans cintres*, en briques de 0m16 à la base, 1/3 et 2/3 en 0m11, avec doublage de calfeutrement de 0m05.

Les enduits intérieurs sont en mortier de grève et chaux, passés au bouclier, afin d'obtenir une surface mate et rugueuse pour la facilité du marouflage des peintures ou, si les ressources le permettent, de la pose des mosaïques.

Les dallages doivent être en terre cuite, sur béton de machefer.

Charpente. — Elle ne comprend que les combles ; ceux des 4 demi-coupoles composés de fermes en fer à I et cornières entretoisées, portant les pannes, le chevronnage en sapin et le voliveage intérieur d'intrados.

2e Le comble de la coupole centrale, composé de 20 fermes en *treillis*, avec entraits en fer I portant à la base un soliveage et un plancher de protection au-dessus de la coupole intérieure, et à l'intrados les pannes et chevrons en sapin recevant le voliveage sous ardoises.

3e La lanterne en fer creux, pour allègement du poids et surtout du balancement inévitable avec le vent, que Rondelet appelait, il y a un siècle, le *hiément*, dont il avait constaté les effets sur la charpente de la coupole des Invalides et qui le fait opter pour la construction en pierre de la coupole du Panthéon. (Il ne connaissait pas la charpente en fer.)

Couvertures. — Elles sont : 1° en zinc n° 16, posé sur plancher et carton asphalté, pour les côtes saillantes, séparant les secteurs en ardoises, et pour les garnissages des frontons, noues, arêtiers, terrasses au-dessus des pendentifs.

2° En ardoises d'Angers, petit Saint-Louis, posées à crochets.

3° En plomb pour les calottes des coupolettes de la lanterne.

Vitrerie d'attente, en verres striés variés.

DÉPENSES

Le gros-œuvre seul est achevé : maçonnerie (moins le dallage intérieur), charpente, couverture et vitrerie.

Dépenses, 300.000 fr., soit 300 fr. le mètre, grâce à la grande économie apportée à toutes choses, simplicité de l'architecture et de l'exécution, matériaux ordinaires, emplois apparents, décoration obtenue par le seul effet des proportions harmoniques, et aux rabais obtenus des entrepreneurs.

ENTREPRENEURS

Travaux faits. —	Maçonnerie :	MM. Chevalier et Pénot,	de Reims.
	Charpente :	MM. Prudhon-Revardeaux,	id.
	Couverture :	MM. Godbillon-Molimart,	id.
	Vitrerie et impressions :	M Jaloux,	id.
	Dorure de la lanterne :	M. Lecomte,	id.
Travaux à faire. —	Menuiserie :	MM. Tailliet,	id.
	Serrurerie :	MM. Lacourt frères,	id.

DÉCORATION INTÉRIEURE

Ayant déjà traité ce sujet devant vous, dans mes conférences de 1884 (essai sur l'architecture religieuse), 1887 (églises de Constantinople), 1891 ; Coupoles d'Orient et d'Occident, 1892; peintures murales de Notre-Dame de Lorette, je ne puis que vous en rappeler les principes, avant de vous en présenter une application à Sainte-Clotilde.

En vous disant que si l'architecture était obligée de tenir compte des convenances morales, c'était surtout dans la construction des Eglises qu'il lui fallait allier le caractère propre à la beauté de la forme; vous avez compris que c'était à ce souci de toutes les civilisations que nous devions les plus beaux modèles, les plus grands chefs-d'œuvre d'art; une église n'étant pas seulement une salle d'assemblée pour la prière et la prédication, mais surtout la maison de Dieu, par conséquent l'hommage de ceux qui l'érigent, comme telle, le fruit et la fleur des arts de la civilisation qui l'édifie.

C'est par application de ce principe qu'ont été élevés : le Temple de Jérusalem, Sainte-Sophie, Saint-Pierre de Rome, et surtout nos admirables cathédrales françaises, en particulier celle de Reims.

Toujours en faisant à chaque art sa part rationelle; à l'architecture : la disposition, les dimensions, surtout les proportions et la forme.

A elle d'égayer, d'éclairer ou d'assombrir l'âme, d'écraser l'homme comme dans les temples de l'Inde creusés dans le roc, de l'abaisser (comme dans les temples égyptiens ou encore dans les cryptes), de le charmer (comme dans les temples grecs et dans certains édifices de la Renaissance; de l'élever (comme à Sainte-Sophie et dans les cathédrales).

A elle aussi de prévoir, de préparer le rôle de la sculpture et de la peinture, suivant leurs effets propres, dans la décoration des surfaces murales, les seules qui nous occupent.

La sculpture, comme l'architecture, bénéficie des trois dimensions, aussi y gagne-t-elle de donner une grande force d'expression, et de communiquer l'idée de durée par conséquent d'éterniser la beauté physique et morale ; mais par contre, elle perd à l'éloignement, quand on n'a pas l'air pur du midi. Chez nous, obligés de tenir compte de la brume et de la poussière, surtout dans les intérieurs, la sculpture demandant à être vue de près, il lui faut pour détacher les contours, les gestes, des fonds coloriés, des reliefs énergiques mais impuissants pour les traits, à moins de les forcer.

Cette seule raison, empêche de compter sur la statuaire pour décorer d'une manière instructive les surfaces murales à grande hauteur.

Les artistes du Moyen-Age, avec leur naturalisme naïf, y ont obvié dans certains cas, en exagérant les expressions, en forçant les attitudes et les gestes, surtout en occupant les yeux par la répétition des mouvements. Mais ces procédés et la manière de cette époque ne sont plus admis par l'école française. On ne peut donc demander à la sculpture que la décoration des soubassements et les statues extérieures.

La peinture, au contraire, si elle n'a que deux dimensions, a par contre un puissant auxiliaire, dans la couleur, surtout lorsqu'il s'agit de décorations murales.

Grâce à celle-ci, quelle que soit la hauteur d'exposition, la forme des surfaces droites ou courbes, toutes les actions peuvent y être rendues visibles ; le but instructif et démonstratif est atteint, sans modifier la nature des surfaces ; c'est-à-dire sans rompre la forme qui résulte des nus et des lignes de l'architecture, par conséquent sans changer l'impression qu'ils sont appelés à causer, comme le ferait une suite de statues ou de bas-reliefs inévitablement accidentés. Aussi les Evêques et les anciens Chrétiens, depuis les Catacombes jusqu'au XIIe siècle en France, au XVIe siècle en Italie, n'ont-ils pas hésité à lui donner la préférence.

Ils avaient compris que les Eglises, au point de vue de l'art, devaient être des écoles de doctrines et pouvaient devenir des musées religieux.

En effet, après avoir invité au recueillement par l'effet des proportions, des formes de l'architecture et par la tonalité générale, ils voulaient que les yeux fussent occupés, impressionnés par les scènes représentées sur les murs ; par l'exposition : des luttes des martyrs et des dévouements glorifiés par l'Eglise ; des leçons et des modèles proposés à l'imitation ; des exemples à suivre ou à éviter, enfin, des récompenses et des châtiments.

Ils sentaient quel puissant appui la prédication et l'enseignement de la morale pourraient y trouver, lorsque prêchant sur la résignation, le Prédicateur peut montrer Job sur la paille ; sur la charité, saint Martin partageant son manteau, saint Vincent de Paul sauvant les enfants, secourant les galériens ; sur la justice, saint Louis sous son chêne, écoutant les humbles et les faibles, etc. Appui d'autant plus facile, qu'en pareil cas, si les redites sont difficiles aux orateurs, les copies sont admises dans la décoration, et qu'un chef-d'œuvre après avoir immortalisé un grand sentiment, un grand acte ou une grande action, peut être reproduit autant que de besoin.

Jusqu'au Moyen-Age ogival, où l'architecture a couvert toutes les surfaces de ses moulures, il n'y avait pas d'hésitation sur la préférence à donner à la peinture d'histoire, pour la décoration des surfaces murales des églises, sur sa supériorité.

Vous savez qu'à l'origine les chrétiens transportèrent dans les catacombes les arts de la société au milieu de laquelle ils vivaient, et surtout la peinture ; et qu'au fur et à mesure qu'ils les approprièrent, ils décorèrent les chapelles et les chambres sépulcrales de peintures à fresques, représentant des sujets chrétiens ou christianisés, dans des compartiments empruntés à des décorations choisies pour leur adaptation, en les accompagnant d'ornements symboliques tels que : étoiles, palmes, croix, etc.

Plus tard, lorsqu'ils construisirent des Eglises sur le modèle des basiliques, ils en couvrirent les murailles de peintures en mosaïques. Les nombreux fragments qui nous restent attestent la magnificence de ces décorations, qui figuraient les scènes de l'Ancien et du Nouveau Testament, la vie des saints, des processions, des actions de grâce et des adorations, comme on en voit encore en Orient et en Occident.

Dans toutes, les personnages se détachent sur des fonds unis, généralement or, et sont accompagnés d'ornements symboliques et d'animaux allégoriques.

Le dessin très arrêté, la netteté des groupes (sans confusion entre les personnages); l'énergie des mouvements les plus simples, la sobriété des accompagnements, toujours isolés, donnent au suprême degré, à ces décorations sur fond d'or, le caractère sacré.

Ce sont les Grecs qui, de même que leurs ancêtres pour l'architecture, ont cherché les principes à suivre pour la décoration intérieure de l'Eglise, la considérant surtout comme l'hommage des humains au Divin et la marque de respect pour la présence réelle.

Le Maître du monde d'où vient toute beauté ne pouvant être invoqué que dans un milieu de respect et de richesse symbolique de tous les biens dont on jouit, etc.; orné de chefs-d'œuvre des arts. C'est ainsi que les vêtements sacerdotaux et les ornements d'Eglise sont à fond d'or

Voulant éviter que cette décoration, toute de respect et de symbole, ne soit pas livrée à la fantaisie des interprétations, considérée comme irrévérentieuse, ils en réglèrent l'ordre liturgique. Pour la teinte de fond, ils choisirent la couleur la plus belle, la plus riche, la plus favorable aux peintures, dont elle avive les contours, surtout ceux des personnages sacrés, comme tels ne devant pas être représentés dans le vague des vapeurs terrestres, et les tons, tout en restant neutre entre tous, l'*or*; voulant ainsi que les images vénérées de la Sainte-Trinité, des saints, des saintes apparussent baignés dans la lumière céleste.

Aussi placèrent-ils : au sommet, le *Christ, Pantocrator*, bénissant l'assemblée de la main droite et tenant le livre de la loi de la main gauche. Image colossale, imposante par sa dignité divine et ses grands yeux immobiles qui voient tout et tous.

En dessous, une couronne d'*anges*, sa garde d'honneur et plus bas, soit la divine liturgie, soit les figures des *Prophètes* et des *Apôtres*; puis successivement, en descendant, des scènes de l'Ancien et du Nouveau Testament, les Miracles de Jésus, les Allégories de l'Apocalypse, la vie des Saints et des Saintes (1).

C'est dans ce sens que la tradition subsista pendant la première partie du Moyen-Age, mais languit ensuite sous l'influence de la déviation de l'art Grec par les Byzantins formalistes, qui vint se substituer à la tradition antique et imposa un moment ses types immuables de figures atones, jusqu'à la rénovation, en Italie, par Cimabué au XIIIe siècle. Période malheureuse, qui, incomprise, a éloigné plus tard de son principe décoratif.

En France, pays prompt aux innovations, la peinture murale par figures, fut, de bonne heure, délaissée par les abbés et les évêques, dans la période romane, où elle eut à céder la place à l'architecture, qui, progressivement, pour les ajourner, en vint à réclamer toutes les surfaces, au risque de les rendre ainsi banales.

Devenue prépondérante, elle domina la forme et le fond, couvrit d'arcatures et de moulures les murs qui ne purent être ajourés. Mais comme ces moyens décoratifs, colonnettes, arceaux, chapiteaux à feuillages, sont les mêmes dans les édifices publics et privés de l'époque, le caractère religieux y perdit, surtout par comparaison avec les peintures instructives inspirées par les vocables particuliers, des basiliques latines.

Sans doute alors, la pierre fut parée d'une coloration vive, brillante et somptueuse, composée de motifs empruntés évidemment aux tentures rapportées d'Orient par les Croisades, comme celle de la Sainte-Chapelle, le chef-d'œuvre du genre; mais à part les croix des semis, sans caractère religieux proprement dit, ces tons et ces ornements, ces effets chatoyants, communs aux enluminures et aux étoffes, sont aussi les mêmes que ceux des salles publiques ou privées de la même époque (2). La figure humaine fut réservée aux vitraux, où l'effet des couleurs et les vibrations de la lumière jouent un rôle prépondérant qui domine le dessin, de telle sorte que les expressions et les gestes y perdirent-ils du caractère sacré, d'autant plus que ces personnages limités dans leurs cadres de pierre, et découpés par les ferrements, ne concourent que tronqués à une action commune, d'où leur infériorité sur les scènes des fresques.

---

(1) Voir Alph. GOSSET : *Excursion archéologique en Grèce 1898*, description des chapelles du Mont-Athos.

(2) Seulement, elles ont disparu de celles-ci, tandis que les fragments retrouvés dans les églises sous le badigeon, a fait croire au romantisme, heureux de les exhumer, qu'elles étaient uniquement religieuses.

Il faut donc reconnaître que ce mode de décoration, bien qu'ayant produit dans nos cathédrales de brillants effets de coloris, aidés du reste par le jeu des ogives, est moins démonstratif, moins religieux que la peinture murale ou la mosaïque.

Aux xive et xve siècles, les refouillements s'accentuant, les ornements se multipliant, la décoration n'eut plus rien de religieux, jusqu'à ce que la Renaissance ait fait revivre la peinture, imitée des modèles de l'Italie où, à l'inverse de ce qui s'était passé en France et dans le Nord, elle avait repris une nouvelle sève, précisément au xiiie siècle.

Car, à Cimabue avait succédé Giotto (1) qui créa une Ecole dont l'influence se répandit partout.

Dans nombre d'églises, elle couvrit les murs et les voûtes de peintures remarquables, où le Maître affranchit complètement l'art des derniers types atônes de la décadence byzantine, pour imprimer à ses figures une expression plus humaine, un caractère plus personnel, plus libre.

A l'ère de la mosaïque, tombée en désuétude, succéda celle de la peinture partielle, qui ne fut pas moins brillante.

Alors, le clergé, pénétré du rôle de la peinture, attire les peintres les plus célèbres, leur donne à couvrir les murs et les voûtes de ses églises de tout ordre, même les sacristies et les cloîtres, mais dans des compartiments, ce qui dans la lutte pour la renommée, amena la recherche du succès dans des effets de trompe-l'œil.

L'Architecture reprit le dessus, lorsque la Renaissance l'introduisit dans la décoration intérieure, avec les saillies de ses Ordres, pilastres, entablements, astragales, voûtes à caissons, etc., les Papes eux-mêmes laissèrent Michel-Ange, épris de la force, de la stabilité, de la grandeur que donnent les lignes de l'Architecture à un intérieur, en abuser à Saint-Pierre, au point de presque supprimer les peintures murales, qu'il relégua dans quelques panneaux clairsemés.

Cette innovation imitée, répandue, eut une influence capitale, car, les peintres, ne travaillant plus que dans des panneaux fortement encadrés de moulures à reliefs, en firent des tableaux, avec les procédés, ad hoc, trompe-l'œil, vue du ciel (dans un mur !) effets de pittoresque, etc., aussi la fantaisie au goût du jour amena-t-elle la décadence et la perte d'une décoration qui, depuis les Etrusques et les Grecs, jusqu'au xvie siècle avait produit tant et tant de chefs-d'œuvre admirables et contribué à répandre tant de grandes idées.

Mais, lorsqu'à cette époque, si riche en artistes, il s'agit d'orner, au Vatican, leur propre chapelle, dite Sixtine, les Papes, qui pouvaient choisir entre les architectes et les sculpteurs les plus renommés, n'hésitèrent pas, ils ne voulurent que des peintures murales, et après avoir choisi les sujets les plus significatifs, en confièrent l'exécution au plus grand artiste de l'époque, au plus énergique, au plus profond, au même Michel-Ange, que cette seule œuvre suffirait à immortaliser.

Vous savez comment il remplit cette tâche immense, comprenant trois cents figures, se gardant bien des creux et des reliefs de l'architecture qui, par la perspective, auraient caché sa peinture, il se contenta d'encadrer ses groupes et ses figures principales de moulures *peintes*, qui n'en altèrent pas l'expression, n'en modifient pas le modelé.

On peut donc dire que, par cette décision prise pour la décoration de la chapelle Sixtine, les Papes ont marqué leur préférence raisonnée pour la *peinture instructive* et par conséquent tranché la question du mode décoratif des églises.

Dans la suite, malgré les chefs-d'œuvre de Raphaël, de Léonard de Vincy, des Vénitiens et du Corrège, ce fut la décoration architecturale qui l'emporta et dans toutes les Eglises, en Italie comme en France, on ne vit plus que pilastres, entablements, astragales et festons, voûtes à caissons, etc. Les coupoles seules furent revêtues de peintures, mais représentant des Ascensions, des Assomptions ou des apothéoses dans le style mondain et théâtral de l'époque. L'attention publique et l'art, alors dans les salons, s'éloignent de la grande décoration murale dont l'esprit sembla perdu.

Heureusement, après avoir langui sous l'Empire, il se réveilla avec le mouvement Romantique qui fit remonter aux sources ; en France, notamment, Périn et Orsel qui étudièrent les antiques

(1) (1276 1336).

fresques italiennes et les signalèrent à leurs amis, surtout à Ary Scheffer et H. Flandrin; en Allemagne l'école de Dusseldorff, qui s'attacha aussi aux écoles primitives de la Toscane et de l'Ombrie. C'est à ce mouvement que nous devons entr'autres : les compositions si profondes des chapelles de l'Eucharistie et de la Vierge à Notre-Dame de Lorette, par Périn et Orsel ; les frises si suaves de H. Flandrin, à Nimes, à Saint-Vincent de Paul et à Saint-Germain-des-Près, qui toutes décidèrent de la rénovation de la peinture religieuse.

Malheureusement, depuis, elle est souvent retombée dans des interprétations fantaisistes qui en ont faussé les effets et les moyens d'exécution.

L'abandon des antiques règles d'expérience a coûté à nombre de peintres de talent, l'effacement progressif par les agents atmosphériques, poussières, fumées, vapeurs, inévitables dans une Eglise (1).

Il y a donc urgence de rétablir la peinture religieuse dans la voie qui lui est propre afin qu'elle soit durable et redevienne un puissant moyen d'enseignement et de glorification.

Ces principes posés, après étude comparée, faite plusieurs fois sur place en tous pays, surtout dans ceux qui ont conservé leurs anciennes décorations, comme l'Italie et la Grèce, notamment au Mont-Athos, dépôt inviolable des traditions, vous ne vous étonnerez pas de me voir demander uniquement à la peinture murale, la décoration de Sainte-Clotilde ; et pour vous en assurer l'unité harmonique afin de ne déranger ni l'effet des proportions, ni les ondoiements de ses belles voûtes sphériques, d'avoir supprimé les moulures architecturales, corniches, arcatures, archivoltes, etc., etc., dont les saillies encombrantes modifieraient les proportions et seraient nuisibles en perspective à l'effet naturel de la peinture, par conséquent à celui des personnages représentés, les objectifs.

La décoration projetée, telle que vous la voyez dessinée sur ces coupes, est donc celle des Pères de l'Eglise, avant les grands schismes d'Orient et d'Occident.

C'est à la représentation de Dieu, des Anges, des Prophètes, des Saints, des Pères, — des faits de l'histoire religieuse de la France, en particulier du culte de Sainte-Clotilde, qu'elle emprunte ses sujets peints en grandes dimensions, en coloris intense sur fond safran (ton le plus riche, le plus lumineux, le plus sacerdotal), comme se rapprochant le plus du fond d'*or*, qui serait désirable, mais que l'économie imposée à l'édification générale défend d'espérer, à moins que de généreuses et intelligentes souscriptions ne permettent à Son Eminence d'exaucer ses vœux.

De même qu'à l'extérieur toutes les lignes de l'Architecture convergent vers la croix :

Celles de l'intérieur conduisent l'œil au sommet de la coupole, où est représenté le Christ bénissant les assistants, et tenant le livre de la Loi ; figure colossale nimbée, peinte sur fond d'or, dans un ciel d'azur de 4 mètres 25 de diamètre, inspiré par le plus beau de l'Art Grec, dessiné en 1839, au Mont-Athos, par Paul Durand.

De type fin (2) dont la physionomie exprime surtout la sérénité imperturbable, la confiance ; les yeux ouverts (voyant tout) et profonds (pensant à tout) ; les narines fines et souples expriment la sensibilité.

Conformément à l'histoire, son vêtement noblement drapé se compose de trois pièces : la Tunique sans coutures, la Robe de lin, la Geba, nouée aux reins par une ceinture et par dessus tout, rejeté sur l'épaule gauche, le manteau de laine.

Dessous, rangés au pourtour de la gloire qui entoure l'image de Dieu et figure le ciel, au-dessus des Archivoltes des 20 fenêtres qui éclairent la coupole, vingt anges, aux ailes doubles, séraphins rouges, et Chérubins bleus alternés (3).

A la base de la coupole, sur les piédroits, les Prophètes, les Evangélistes, les Apôtres.

---

(1) Les belles compositions de Yan d'Argent à la Cathédrale de Quimper, justement admirées aux Salons, bien que n'ayant qu'une trentaine d'années, sont déjà effacées, victimes du procédé technique à la mode alors, la perte est irreparable.

(2) Un rapport d'un fonctionnaire Romain de l'époque, signale la beauté du Christ.

(3) Les séraphins, dont le nom est synonyme de feu, sont aussi appelés les ardents ; leur couleur est le rouge. Les chérubins, dont le nom signifie assistants ; leur couleur est le bleu ou le blanc.

PENDENTIFS

Conformément à la tradition, acceptée par les deux Eglises, les pendentifs sont occupés par les animaux symboliques des quatre évangélistes, enveloppés, comme à Sainte-Sophie, dans un rayonnement d'ailes diaprées qui épousent la forme du triangle sphérique, sur fond *safran* (à défaut d'or).

Le lion de Saint-Marc, le bœuf de Saint-Luc, l'ange de Saint-Mathieu, l'aigle de Saint-Jean.

ARCS DOUBLEAUX

A fond rouge comme fondements de la coupole, pour indiquer la puissance, ils sont décorés par une série de médaillons, formant la chaîne chronologique des Archevêques de Reims, noms et dates. Depuis le premier, saint Sixte et S. E. le Cardinal Langénieux qui ouvre la deuxième centurie.

COUPOLES DE POURTOUR

Aux sommets, glorification des principaux faits de l'histoire religieuse de France, depuis la conversion et le baptême de Clovis et des Francs ; au-dessous, partant du portail, la procession des personnages historiques venus à Reims prier sur le tombeau de saint Remi, rendant hommage à sainte Clotilde, représentée au fond de la chapelle absidale à Elle dédiée jusqu'à S. E. le Cardinal lui offrant le modèle de son Eglise.

PIEDROITS

Les saints et les saintes de l'Eglise de France ; puis, sur fond violet, dans les niches des arcades du pourtour des deux bras de la croix, les quatorze stations du chemin de la croix

Soubassement, fond rouge ; sur lequel se détacheraient sur de hauts piédestaux, les bustes des principaux Archevêques de Reims, qui se sont plus spécialement occupés du culte de sainte Clotilde.

A l'extérieur, les voussures du porche seront ornées de l'image de sainte Clotilde bénissant ; et des reproductions de la médaille du centenaire de 1896, avec inscriptions.

EXÉCUTION

Son Eminence le Cardinal Langénieux aura le choix entre la mosaïque, la peinture à la cire ou à l'huile.

La première a pour elle, la puissance et l'inaltérabilité du dessin et de la couleur, la solidité, puis le brillant de l'émail ; quoiqu'elle n'exige qu'un Maître pour la composition, et pour l'exécution, seulement des ouvriers aux mains habiles, elle est d'un prix élevé qui ne peut être espéré.

La seconde, celle à la cire ; si elle se prête au coloris, et lui donne une suavité dont on peut constater le charme dans les belles frises d'Hypolite Flandrin, elle est attaquable par la fumée et par la chaleur, n'offre pas une solidité suffisante pour un monument de longue durée comme une église.

Celle à l'huile, au contraire, grâce à sa nature, à sa siccité, à sa pénétration et aux fonds d'or, lorsqu'elle est consciencieusement exécutée, peut, étant lissée autant que possible, sans ces empâtements à relief qui retiennent les poussières et les fumées décolorantes et destructives, offrir toute sécurité et toutes ressources à la puissance des effets que le peintre veut exprimer.

Les figures peintes sur toiles marouflées sur les enduits, sont ainsi à l'abri des gerçures. C'est le procédé que nous avons employé pour fixer, au sommet de la coupole, le beau Christ bénissant, *Pantocrator*, départ de l'*ensemble harmonique*, que nous espérons voir réaliser, suivant le programme exposé.

Première application dans l'Occident Latin du principe sus-énoncé ; il ouvrira à l'art français une voie nouvelle, que son génie simple et clair rendra féconde.

ALPH. GOSSET.

Juin 1899.

OUVRAGES DU MÊME AUTEUR

Hygiène des logements collectifs.
Brochure. — Reims. (1877.)

Construction des bâtiments ruraux.
Avec nombreuses figures.
Paris. (Extrait du journal l'*Agriculture.*) (1877.)

Traité de la construction des théâtres.
Grand in-4° avec 62 planches et 15 gravures dans le texte.
Paris, Baudry et Cie. (1886.)

Historique de la construction des églises chrétiennes.
In-4° avec figures dans le texte ; 2 planches doubles gravées
Paris, André Daly fils et Cie. (1887.)

Aperçu sur les théâtres antiques.
Brochure avec vignettes ; 1 planche double.
Théâtre d'Orange.
Reims. (1887.)

Anciennes églises et mosquées de Constantinople.
Brochure avec nombreuses figures dans le texte.
Paris. (1887.)

Les coupoles d'Orient et d'Occident.
Ouvrage couronné par la Société centrale des Architectes.
Grand in-4°, accompagné de 25 planches doubles gravées sur acier et 110 vignettes.
Paris, A. Lévy. (1889.)

Alphonse Périn, peintre d'histoire, et ses peintures murales de N.-D. de Lorette.
Grand in-4° ; 20 gravures.
Reims et Paris, Baudry et Cie. (1892.)

Monographie de la Cathédrale de Reims.
Petit in-folio, 33 planches gravées sur acier et 25 vignettes.
Paris, May et Motteroz. — Reims, Michaud. (1895.)

Monographie de Saint-Remi. (~~En Souscription.~~)
Petit in-folio, 25 planches, 50 vignettes.
Paris, May et Motteroz, Reims, Michaud.

La sécurité au théâtre par les escaliers.
Brochure avec 1 grande planche double gravée.
Paris, Baudry et Cie. (1898.)

En Grèce, excursion archéologique.
In-8 raisin, 5 gravures hors texte.
Reims, Imprimerie de l'Académie. (1898.)

REIMS. — Imp. LUCIEN MONCE, 75, rue Chanzy.

EXULTET

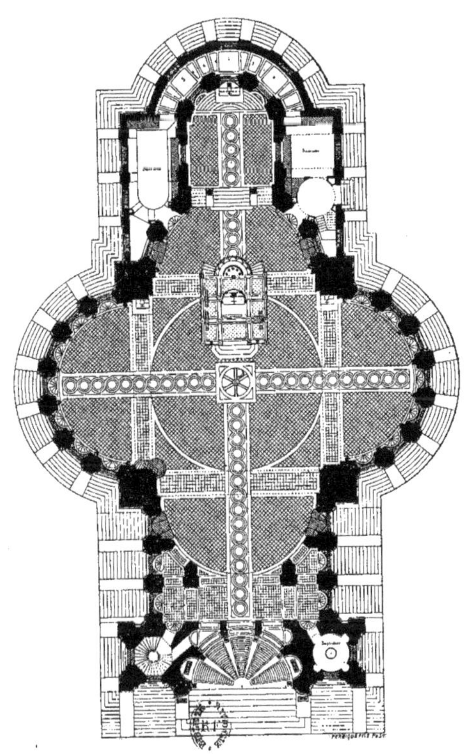

EXSURGET

ÉGLISE SAINTE-CLOTILDE A REIMS

MONUMENT DU CENTENAIRE

496 — 1896

ALPHONSE GOSSET, Architecte

EXSURGET

Église Sainte-Clotilde a Reims

MONUMENT DU CENTENAIRE

496 — 1896

Alphonse GOSSET, Architecte

EXSURGET

Église Sainte-Clotilde a Reims

MONUMENT DU CENTENAIRE

496 - 1896

Alphonse GOSSET, Architecte

EXULTET

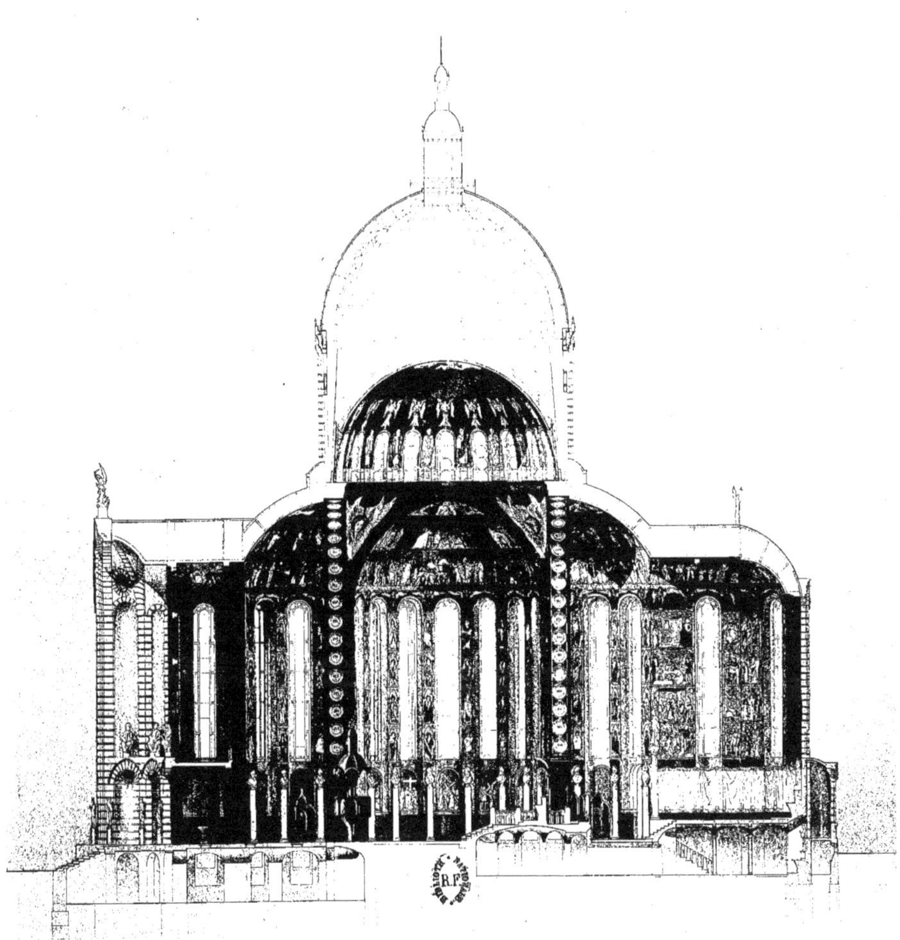

EXSURGET

THÈME DE LA DÉCORATION

Coupole. — Dieu bénissant : Anges ; Apôtres et Pères de l'Église.
Pendentifs. — Emblèmes des quatre Évangélistes.
Arcs Doubleaux. — Les Archevêques de Reims.
Demi-Coupoles. — Scènes principales de l'histoire religieuse de la France ; Pourtour : Procession des personnages historiques venus à Reims prier au tombeau de Saint-Remi ; rendant hommage à Sainte-Clotilde.
Piedroits. — Saints et Saintes de l'Église de France ; Chemin de Croix ; Bustes d'Archevêques de Reims.

ÉGLISE SAINTE-CLOTILDE

Coupe

ALPHONSE GOSSET, Architecte

www.ingramcontent.com/pod-product-compliance
Ingram Content Group UK Ltd.
Pitfield, Milton Keynes, MK11 3LW, UK
UKHW012123240726
13965UKWH00005B/1941

9 782013 069861